Laury-Layne Amanda Myrtild

MA CROIX, MA BATAILLE

Laury-Layne Amanda Myrtild

MA CROIX, MA BATAILLE

Expérience d'une Jeune Femme sur la Discrimination Physique

Éditions Muse

Imprint
Any brand names and product names mentioned in this book are subject to trademark, brand or patent protection and are trademarks or registered trademarks of their respective holders. The use of brand names, product names, common names, trade names, product descriptions etc. even without a particular marking in this work is in no way to be construed to mean that such names may be regarded as unrestricted in respect of trademark and brand protection legislation and could thus be used by anyone.

Cover image: www.ingimage.com

Publisher:
Éditions Muse
is a trademark of
Dodo Books Indian Ocean Ltd., member of the OmniScriptum S.R.L Publishing group
str. A.Russo 15, of. 61, Chisinau-2068, Republic of Moldova Europe
Printed at: see last page
ISBN: 978-620-3-86552-3

MA CROIX, Ma Bataille!

Expérience d'une jeune femme sur la Discrimination Physique

TABLE DES MATIÈRES

Dédicaces

Ce livre est dédié à tous les amoureux (ses) de la lecture et à tous ceux et celles qui sont victimes soit directement ou indirectement de discrimination par rapport à leur apparence physique. Ainsi qu'à tous ceux et celles qui ont cru en moi et qui m'ont aidé à surmonter les moments difficiles.

Remerciments spécials:

- à Dieu, qui a toujours été avec moi

-à Les Éditions Universitaires Européennes

- à "Amour Passion et Plus encore"

- à Nirvana Haïti

-à Yntechconception

-à BèlFanm Bijoukreyòl

-à Jessy Allisan Zacharie Darbouze , responsable de "Hertz Energy et de Kygo Design"

- à Emmanuel Rimpel, fondateur de **"Bohio Oil"**

- à Rudyard Déristal , fondateur du club littéraire appelé "Foyer de la Désinvolture"

-à Wedley Altidor, Joelvin Peralta , Jhon Peter Cérésier,Weestenley Estiverne, Christ Sayther Célestin, Jean Pouchley Christopher Sébastien Gaston, Jonas Jean, Christian Cheryl Estel , Madame Nicole Joseph, Neil-Irsa Myrtild , qui sans le savoir, m'ont motivés à écrire ce livre.

-Ainsi qu'à Sophonie Jean-François , Révolte David ,Saint-Julien Elihu Charlain , Guevarra Charles , Chérubin François, Junior Joel Labady , Dérosier Chavannes , et Jeff Dadensky Pierre pour leur soutien

L'auteur

LAURY-LAYNE AMANDA MYRTILD

Laury-Layne Amanda Myrtild est une jeune écrivaine de 20 ans, née le 12 janvier 2001, une Poétesse et une chanteuse-compositrice.

Elle est fondatrice de BèlFanm Bijou Kreyòl, qui est une petite entreprise artisanale. Elle travaille actuellement avec ses collaborateurs sur le projet de "Lucuma Haïti".

Elle a étudié le droit environnemental pendant une courte durée , elle a passé deux ans à l'université INUKA où elle a étudié les sciences de la Gestion. Elle est actuellement aux États-Unis et continue ses études en administration d'entreprises et en Cybersécurité.

Elle est la rédactrice du blog "Amour Passion et Plus Encore", qui sera également le titre de son premier recueil de poèmes.

C'est une jeune femme passionnée par la l'écriture et qui aime apprendre de nouvelles choses.

Elle est une jeune femme dynamique, créative et intelligente. Sa passion pour l'écriture, lui a permis de faire la connaissance de **Rudyard Déristal** (Poète et fondateur du club littéraire "Foyer de la Désinvolture") et de faire parti d'un Club d'écriture appelé **"Nirvana Haïti"**, dont elle est la Vice-présidente .

Introduction

Après avoir pris du temps avant de me décider de me lancer pour de bon dans cette voie , aujourd'hui je décide de parler d'un sujet très important et qui me touche énormément , "La discrimination physique". Plus précisément la discrimination dont sont victimes les personnes très minces.

Je sais que tout comme moi, il y a des jeunes femmes quelle que soit leur morphologie qui sont victimes de préjugés et de stigmatisations mais qui n'ose pas en parler.

Et je sais que je prends un risque dans cette lutte que je commence à peine à entamer contre la discrimination physique mais comme nous entendons souvent Dire:" qui ne tente rien n'a rien".

Je veux devenir une source de motivation et d'inspiration pour toutes les jeunes femmes victimes de cette situation en Haïti ou ailleurs afin de les aider à développer leur estime de soi , agrandir leur capacité et se faire valoir dans la société peu importe ce que les gens peuvent dire où penser.

"Ma croix, Ma bataille" titre du livre qui m'a été inspiré par la suite d'une accumulation d' événements blessants et marquants qui m'ont Transformés à jamais et qui m'ont ouvert les yeux sur ce qui se passe en réalité dans la société.

Ce livre parle de mon expérience personnelle et de plusieurs problèmes identifiable de la société et comment chaque citoyen et chaque institutions ont

leur rôle à jouer soit en améliorant ou en le degradant.

Il montre aussi comment la discrimination physique se manifeste dans la société et les conséquences visible ou non sur les personnes qui en sont victimes.

Des termes clés seront abordés, tels que: le patriarcat, la phobie sociale, l'agoraphobie, la maigreur constitutionnelle...etc...

Je montrerai également comment je m'y prends pour faire face à la stigmatisation et aux préjugés des gens autour de moi.

Ce livre a pour intention d'essayer de changer la façon de penser des gens en les appelant à la tolérance et au "Vivre ensemble".

Chapitre 1:

"Hypocrisie raciale"

Certaines personnes l'ont peut-être déjà remarqué avant moi mais ma différence est devenu ma croix. Je ne suis ni anormale ni malade (et même si je l'étais d'ailleurs, devrais je subir ce genre de traitements à longueur de journées) et je vis parmi mes semblables. Je suis une noire dans une communauté de noir. Pourtant chaque jour je suis discriminée par les miens.

Au fil des années j'ai appris à m'y faire et cela est devenu une habitude. Dans cette communauté qui est censée être la mienne je me sens tout le temps et chaque jour pas à ma place.

Si je prenais une plume pour écrire toutes les méchancetés qui ont été faites à mon égard et tous les actes discriminatoires dont j'ai été victime, je crois que je pourrais écrire un livre avec plusieurs volumes. Si j'ai décidé d'en parler un peu aujourd'hui, c'est pour essayer de me soulager de cette souffrance qui me consume à l'intérieur. " Black Lives Matter" quelle hypocrisie ! Pourtant chaque jour ici on me fait sentir que ma vie ne compte pas.

Vous pensez peut-être que la discrimination existe seulement entre les riches et les pauvres entre les hommes de couleur et les hommes blancs entre les pays du Nord et les pays du Sud entre l'Orient et l'Occident et bien vous vous trompez. Elle existe bien entre des semblables. J'en suis la preuve. Certaines personnes penseront peut - être que ce n'est qu'un complexe et se diront que ce n'est pas important d'autre penseront que ce n'est qu'un caprice et que je recherche juste de l'attention, détrompez-vous. Je me bats à cause de ce que j'ai vécu et de ce que je vis au quotidien pour ne pas sombrer.

Personne n'est parfait mais la société s'est fabriquée une perfection que l'on doit suivre à la lettre. Bien heureusement au malheureusement je ne sais pas. Cette perfection apparente je ne l'ai pas.

Ici, une femme est considérée comme belle sauf si elle est gironde ou juste un peu gironde. On ne devrait pas juger une personne parce qu'elle est gironde ou pas. Parce que chaque personne est différente et possède quelque chose qui la rend unique. Les hommes comme les femmes se bernent l'esprit avec un tissu de mensonge. Je ne nie pas que de l'autre côté celle qui sont girondes subissent certaines fois des mauvais traitements de la part des hommes. Elles sont victimes de commentaires aguicheur. Mais à mon grand étonnement, c'est devenu normale pour la plupart et elles acceptent sans rien dire et prennent ça pour une fierté. Alors qu'aguicher une femme pour sa morphologie est sexisme. Dans la société en général l'anormalité devient la normalité.

Nous faisons partie d'une société patriarcale qui a tendance à minimiser la valeur des femmes. Imaginez maintenant comment je me sens dans cette même société où je suis discriminée à longueur de journée pour mon physique.

Combien de fois dois-je entendre encore : tu ne manges pas ? On ne te donne pas à manger ? Pourquoi es tu aussi petite ? Tu n'aimes pas la nourriture ? Il faut que tu grossisses, tu n'es pas normal (je devrais être grosse pour l'être peut-être ?)... Et combien de fois devrais-je me cacher pour échapper au propos moqueurs ?

Dans la rue les gens n'ont pas besoin de vous connaître. Il vous regarde et vous prédéfinissent à l'avance.

Vous savez certaines fois ils n'ont pas besoin de parler, leur regard en dit long et vous comprenez tout car les yeux sont le reflet de l'âme.

Un après-midi dans un transport en commun, j'ai vécu la représentation parfaite de ce que je pourrais appeler "l'illusion raciale" ou encore "l'hypocrisie raciale" :

"Tap-tap" ou "camionnette", comme on l'appelle dans ma communauté, est un pick-up dont on a recouvert la tête à l'arrière et ajouter des bancs face à face pour transporter les passagers. Certains transportent 6 ou 7 passagers par bancs et les plus grands jusqu'à 8. Cet après-midi là en sortant des cours j'ai traversé la rue pour aller prendre un tap-tap.

Toute seule, sans aucuns amis à l'université à l'époque, je me tenais là avec pour seule objectif rentré chez moi sans aucun problème et me faire discret pour qu'on ne me remarque pas. Mais ce ne fut pas le cas. Comme il se faisait tard, il était très difficile pour nous, qui attendait des tap-tap pour rentrer d'en trouver. Après quelques minutes de patience, un tap-tap vint s'arrêter devant nous. Ce n'était pas facile de monter les gens se bousculaient alors je me faufilai entre eux (avantage d'être petite) pour monter dans le tap-tap et m'asseyai au bout du tap-tap. Je remerciais le ciel dans mes pensées et me sentit soulagée.

Je tournai mon regard vers les passagers, il y avait plus de passagers que d'habitude. Il y avait un groupe d'amis qui ne voulait pas se séparer alors quand ils sont montés ils se sont assis l'un sur l'autre. Je les observais qui parlaient d'histoires d'hommes et de femmes sans dire un mot. Je ne sais qu'elle mouche a piqué l'une des filles de la bande qui voulu jouer les statisticiennes en comptant le nombres de passagers assis par banc (ceux qui sont assis sur le banc directement). Vous l'avez déjà deviné peut-être, le banc sur lequel j'étais assis avait un passager en plus. Et c'était moi, j'étais la 9e personne assise.

À ce moment là j'angoissais mais je ne le montrai à personne. Je sentis une boule sur mon estomac une chaleur qui montait à ma tête, mes mains qui tremblaient et mon coeur qui battait plus vite que la normale. Une autre fille jouant les porte-parole disa: L'autre banc contient plus de personnes qui ont du " poids" (mais qu'est ce que cela veut dire!??) . Et comme si cela ne suffisait pas, un jeune homme qui voulu faire plaisir à ses amis et montrer qu'il est cool et blagueur (alors qu'il ne l'est pas) me pointa du doigt en disant :

est-ce une personne ?... à ce moment-là j'avais la tête baissée mais je levai ma tête pour le regarder.

Il me dévisageait et riait. Et ses amis, me riaient au nez également. Ça m'a tellement choqué que mes yeux sont devenus rouges et que des larmes s'y gonflaient. Mais je ne les ai pas laissé couler. Je voulais montrer que j'étais forte et je ne voulais pas montrer ma faiblesse. Mais malgré mes efforts, une petite goute débordait. Alors j'ai tourné mon visage à l'extérieur pour l'essuyer. Avec le recul je me rends compte que je n'ai pas vraiment pleuré à cause de ce qu'il a dit mais aussi parce que ce n'était pas la première fois et que ce ne serait pas la dernière. Je m'empressais pour rentrer chez moi et oublier ce mauvais chapitre. Je marchais comme un robot programmé mes pieds marchaient sur la route mais mon esprit était ailleurs. Heureusement, je connaissais la route par coeur. Alors mes pieds n'ont fait qu'obeir de façon mécanique.

J'ai réalisé trois choses dans ce tap-Tap. La première, toutes les femmes ne comprennent pas le sens de la solidarité féminine. Deuxièmement, malgré les efforts nous vivons aujourd'hui encore dans une société patriarcale où les hommes croient qu'ils ont les pleins pouvoir sur les femmes. Et la dernière quoi que je fasse quoi que je dise peu importe la façon dont je suis si je ne je ne suis pas telle que demande la société je ne serai pas accepté.

Ceux qui se sont battu pour la liberté des droits humains je ne dis pas que vous avez travaillé en vain mais le travail n'est pas encore terminé. Aujourd'hui les choses se font de manière voilée la société a produit un innombrable d'aliénés nous sommes manipulés.

Chapitre 2 : Les blagues : principales moyens de discrimination

Il n'est pas toujours facile de faire face chaque jour aux regards dénigrants, aux propos moqueurs et aux commentaires dévalorisant des gens. Je suis bien placée pour le savoir quand au fil du temps j'ai écouté les gens m'appeler de différentes manières comme : "cadavre ambulant", sac d'os,"serpillière", "manche de balaie", "baguette de pain", "madame i" , "la tige" ," restes d' humains " , "squelette" , "femme sans vie" , "sans âme", "sans force", "cuisse de moustique" , " Zo Mangay "(en créole...je n'ai jamais su ce que cela voulait dire, mais ils m'appelaient comme ça) , ou encore "bagèt legede" , "chèch ko " (pour dire que je suis sèche) , ils me comparaient aussi avec un corbeau en me disant :" ou chèch kou Kaw" (ce qui veut dire : Tu es aussi sèche qu'un corbeau)...

J'ai tellement entendu ce genre de choses, quand je me regardais dans le miroir, je finissais par y croire. Je me dégoutais, je me disais qu'ils avaient tous raisons. Les mauvais souvenirs me montaient à la tête et je faisais des choses dont je ne mentionnerai pas ici. Des choses pour lesquelles je n'en suis pas fière. Je n'ai jamais eu le courage de dire "Hé ! Arrêtez, je suis autant humaine que vous. Je suis également une personne, j'ai des sentiments, je ne suis pas un rejeton"

Les gens n'ont jamais su que j'enmagasinais tout ça et que cela me faisait du mal en affectant mon etat psychologique. J'avais peur de tout le monde et certaines fois aujourd'hui encore, cette peur me revient. Presque personne ne me parlait sans mentionner un Propos dénigrant sur mon physique.

J'ai toujours tout encaissé sans jamais rien dire. J'ai préféré observer et analyser les faits. Parce qu'en général les gens ne comprennent que ce qu'ils veulent comprendre. Pourquoi livrer une bataille en vain ? Moi contre la société ? C'est perdu d'avance. Alors je me renferme dans mon coin.

Une fois, j'ai entendu un jeune homme dire à ses amis : "Celle-là, elle n'a pas assez d'espace pour que je la baise". Deux choses à prendre en compte ici: la première, ce comportement macho et vulgaire de ce jeune homme n'est autre que le fruit de cette société patriarcale dans lequel nous vivons. Et la deuxième, les hommes en général veulent tout dominer et pensent avoir un certain pouvoir sur les femmes pour déterminer qui est attirante ou pas. Pourquoi la première image qui se dégage par les femmes aux yeux des hommes est en tant qu'objet sexuel ?

Suite à ce qui s'était passé, je me suis mise à dire pour essayer de me convaincre et pour que cela ne m'affecte pas que peut-être qu'ils voulaient faire une attaque de Viol contre moi et que j'ai été épargné pour mon physique. Ou tout simplement par la Grâce de Dieu. Vous savez, je plains ces gens qui n'ont pas d'idéal ni d'objectif et qui se laissent aveuglé par le sexe la cupidité et la méchanceté.

Même à l'église, le coeur des dits chrétiens sont envahis par la méchanceté. Il arrive que Certains pensent qu'ils sont plus humains et plus chrétiens que d'autres. Alors que selon ce que la bible dit nous sommes tous sur le même pied d'égalité car nous sommes tous pêcheurs.

Il est dit dans Romain 5 v 12 : c'est pour quoi comme par un seul homme le péché est entré dans le monde, et par le péché la mort, et qu'ainsi la mort s'est étendu sur tous les hommes, parce que tous ont péché.

Ils nous disent bien que nous sommes tous des frères et Soeurs en Christ (que l'on soit chrétien ou non) mais pourquoi tolérer la discrimination à l'église ? Il y a-t-il une autre vérité que l'on doit savoir ? Dieu n'est-il plus un Dieu de Bonté, de compassion et de justice ? Ou bien est-ce les hommes qui se forment leurs propres vérités par rapport à Dieu ?

Peut-être que les dit Chrétiens se disent en eux même :"Comme c'est à l'église, nous faisons des petites blagues en Christ, Dieu ne vas pas nous punir, et il ou elle ne va pas le prendre mal ou il ou elle ne pourra rien dire car nous sommes à l'église, nous ne sommes pas des payens au moins" (je ne sais pas, j'insinue) cependant je connais des payens qui sont plus chrétiens que ceux qui le prétendent. Quelle Paradoxe !

Cette même bible qu'ils prennent comme bousole leur dit d'aimer leur prochain comme eux même. Donc, pourquoi faire ressentir à l'autre ce que l'on aimerait pas que l'on nous fasse ressentir ?

Discriminer une personne c'est facile : les petites blagues que vous trouverez peut-être dénuées de sens et sans importance ; les commentaires malsaines, les comparaisons, etc.

Je sais que ce que j'ai vécu reflète la réalité de certaines jeunes femmes qui comme moi n'ont pas osée en parler. La société a une image toute faite que les femmes doivent suivre à la lettre. (Stéréotype). Les blagues dénigrantes sont sources de discrimination sur toutes les formes.

Rachid Zerrouki a dit :"Les blagues ne sont pas que des blagues. Elles nourrissent aussi les stéréotypes sur lesquelles elles se basent".

Il ne faut pas rire à toutes les blagues. Même les gestes les plus bannales peuvent affecter une personne. La société veut montrer qu'il n'y a rien de mal à rire d'une personne dans l'intention de le dénigrer. C'est pour cela que les gens trouvent cela normal et agissent sans penser aux conséquences. Je pense que c'est de la cruauté. La majorité des gens sont prêts à rire à gorge déployée par rapport à des remarques blessantes , telles que: "sac de graisse", "Sac d'os" etc.

Dans ce genre de situation, il y a cinq (5) catégories de personnes :

1- l'initiateur ou l'initiatrice, qui fait la blague et qui rit

2-l'appuyeur ou l'appuyeuse, qui rit parce qu'elle trouve la blague drôle et parce qu'il ou elle dans une autre circonstance pourrait faire la même blague.

3-l'imitateur ou l'imitatrice, qui ne trouve pas la blague drôle mais qui rit quand même pour faire plaisir à ses amis (es).

4-l'observateur ou l'observatrice, qui regarde de loin mais qui ne rit pas et ne réagit pas

5-Et pour finir, la victime, qui est le destinataire de la mauvaise blague. Une mauvaise blague qui l'affecte.

Les blagues discriminatoires sont considérées comme des agressions faites à l'egard de la personne affectées. Des blagues qui portent atteintes à la vie de la personne en question. J'ai longtemps été dans les deux dernières catégories à la fois. Mais aujourd'hui je suis encore dans la 5e catégorie. Car même si j'ai décidé aujourd'hui d'en parler pour essayer de sensibiliser les gens, le problème est général et doit se résoudre à la base, dans les fondements même de la société. À travers les écoles, les églises, la famille, les institutions sociaux, etc...

Je ne prétends pas être parfaite non plus en portant mes critiques sur ce qui se passe dans la société(nul ne l'est d'ailleurs) Mais je sais que pour qu'il ait un monde juste et équitable nous devons pratiquer le "vivre ensemble", c'est-à-dire tolérer l'autre et accepter l'autre malgré sa différence et apprendre à cohabiter avec les autres sans discrimination.

Chapitre 3 : "Skinny-Shaming"

Le terme " Body-Shaming" , est un terme anglais qui pourrait se traduire par "l'humiliation Corporelle". Selon Wikipédia, l'humiliation corporelle est le fait de tourner en dérision ou de se moquer de l'apparence physique d'une personne. La portée de la honte corporelle est large et peut inclure, sans s'y limiter, la honte de la graisse, la honte de la minceur, la honte de la hauteur, la honte de la pilosité (ou de son absence), de la couleur des cheveux, de la forme du corps, de la musculature (ou leur absence), la honte de l'apparence (traits du visage), et dans son sens le plus large peut même inclure la honte des tatouages et des piercings ou des maladies .

De ce concept, découlent deux catégories : le Fat-Shamming et et le Skinny-Shaming.

Contrairement au fat shaming (grossophobie), le skinny shaming (maigrophobie) qualifie les remarques humiliantes faites sur le corps de personnes considérées comme maigres ou trop maigres

Les personnes naturellement très minces qui se font constamment dire qu'elles sont trop maigres et n'ont pas assez de formes . (Bien avec mon corps)

Tout comme appeler une personne pour son excès de poids est une honte pour les graisses, taquiner les gens pour être trop minces ou maigres ou en insuffisance pondérale est connu sous le nom de honte maigre ou encore Skinny-Shaming. La honte corporelle de toutes sortes doit être inacceptable car elle invoque un fort sentiment de doute et de dégoût de soi, ce qui peut être nocif à long terme. Sans compter que beaucoup de cas de troubles de l'alimentation chez les personnes sont en fait le résultat d'un commentaire méchant passé à la victime à un moment donné de sa vie. Pourtant, alors qu'une attention importante et due a été attirée sur la honte des graisses, la honte maigre continue d'être un problème que la plupart refusent même d'envisager un problème.

Qu'un corps soit mince ou rond, quand on reçoit des moqueries, cela laisse forcément des traces.

Montrer du doigt, rabaisser, se moquer d'une personne en public ou en privé n'est jamais un acte anodin pour celui ou celle qui en est victime

Voici des exemples de commentaires trouver sur le net : "Il n'y a que les chiens qui aiment les os" "une femme sans rondeur, est une femme sans saveur" "les minces sont fragile, c'est moche la maigreur" les femmes sans formes c'est comme un jean sans poches, on sait pas où mettre les mains" "tu n'as que la peau sur les os"

C'est frustrant de voir à quel point la société nous déshumanise Petit à petit. Et malgré les efforts, nous finissons toujours par faire les mauvais choix et à aller vers la mauvaise direction. Vous devez notez que le Body-Shaming, des deux côtés est une forme de discrimination physique et ne doit pas être pris à la légère. Nous sommes tous des humains, nous devons donc agir en tant que tel et condamné toute forme de dénigrement.

Chapitre 4 :

La discrimination Physique : Point de vue des chercheurs et des journalistes

Selon l'article 225 du code pénal français la discrimination physique est considéré comme toute distinction opérée entre les personnes physiques a raison de leur apparence physique.

La discrimination selon l'apparence physique, porte sur les caractéristiques visibles d'un individu modifiable ou non qu'il s'agisse de son physique proprement dit (taille, poids, visage, cheveux, couleur de peau), de sa vêture, de ses tatouages, piercing et maquillage. (Source :Wikipédia)

Pour faire simple, nous pouvons parler du "lookisme" qui est l'idéologie selon laquelle l'apparence physique d'une personne est déterminant de sa Valeur.

Généralement, dans les entretiens d'embauche dans certains pays les personnes minces sont favorisés par rapport aux personnes girondes. Dans D'autres c'est l'inverse.

Dans certains cas, c'est la couleur de peau qui rentre en Jeux. Dans la plupart des documents les articles et les rapports publiés sur le net, ils mettent l'accent beaucoup plus sur la discrimination Physique envers les personnes qui sont grosses ou obèses.

Mais ils oublient aussi que les personnes minces (que l'on qualifie de maigres et de petites généralement) peuvent être elles également victime de discrimination physique. (Lors des entretiens d'embauche, dans la rue, à l'église, à l'école, à l'université, etc.)

Généralement les gens penses qu'être mince, c'est toujours voulu dans tous les cas. Certaines personnes naissent ainsi sans être malade. Ces personnes ont un métabolisme élevée et brûlent plus rapidement de calories que d'autres personnes avec un poids plus élevé.

Je me rappelle de la première fois que j'étais venu aux États-Unis et qu'une tante était sortie avec moi pour acheter à manger. Nous étions allés dans un endroit où l'on vend de la nourriture cubaine et Haïtienne. Je ne parlais pas trop bien l'anglais à l'époque mais je pouvais comprendre ce qu'il disait. Avec sa cuillère de cuisine en main , il me pointait du doigt et s'adressait à ma tante en lui demandant pourquoi je suis aussi maigre. Et elle lui a répondu en ricanant :"She came from Haïti" (certes, Haïti est le pays le plus pauvre de la caraïbe et la situation sociopolitique n'était pas favorable à l'époque mais ma grosseur n'avait rien avoir avec tout ça)...je me sentais mal, j'étais diminué . Et comme si cela ne suffisait pas , elle rajouta Pour dire au cuisto que je voulais devenir mannequin et que c'est pour cela que j'étais ainsi . (Ce qui n'était pas vrai du tout) Donc, je dois avoir une escuse pour être ainsi alors que c'est ma grosseur naturelle ?

Être mince, n'est pas synonyme de famine ni de malnutrition

La minceur peut être causée par :

un antécédent familial de maigreur fréquent mais pas toujours retrouvé ;

un indice de masse corporelle (IMC) inférieur à l'IMC cible pour l'âge ;

une non-cassure de la courbe de poids ;

l'absence de troubles du comportement alimentaire et surtout l'absence de restriction aux questionnaires DEBQ;

l'absence de syndrome de basse T3, de diminution de l'IGF1 ;

une fertilité conservée (Source :Wikipédia)

Maintenant abordons un terme scientifique clé qui est "la maigreur constitutionnelle"

Les gens maigres ce sont des gens très minces. Lorsqu'une personne se trouve très mince naturellement, on parle de "maigreur Constitutionnelle"

Des médecins chercheurs, Bruno Estour Natacha Germain ainsi que le docteur Bogdan Galusca qui sont endocrinologues, nutritionnistes et spécialistes du trouble de comportement alimentaire ont mené une étude sur les personnes ayant un indice de masse corporelle inférieur à la moyenne.

Dans le journal le Parisien ils ont laissé leurs commentaires sur ce sujet :

Selon le docteur Bogdan Calusca, les etudes sur la maigreur constitutionnelle ne sont pas vraiment explorées.

"Il ne s'agit pas d'une maigreur acquise mais innée chez certaines personnes. Nous ne savons pas précisément combien de personnes sont touchées par cela. Nous savons en revanche que la maigreur en général concerne 3 % de la population. Ce qui englobe aussi les personnes rencontrant des problèmes d'anorexie ainsi que d'autres pathologies. Très peu de gens sont atteints de maigreur constitutionnelle, ce qui pose, du coup, de vrais soucis de stigmatisation, notamment dans le monde du travail. Il m'est arrivé de prendre en consultation des salariés à qui leur employeur avait demandé de se soigner d'abord avant de retourner au bureau " ajoute le docteur (source :Journal Le Parisien).

Chapitre 5:

Préjugés et Stigmatisations

Selon "Le Petit Robert" le mot "préjugé" peut avoir deux sens.

Sens 1 : un préjugé est une Croyance, une opinion préconçue souvent imposée par le milieu, l'époque ; parti pris.

Sens 2 : Indice qui permet de se faire une opinion provisoire.

En d'autres termes, c'est une opinion négative non justifiée qui est faite à l'égard d'une personne.

Les préjugés sont généralement causés par :

Les inégalités qui existent au sein de la société ;

et les mauvaises opinions des gens ;

D'un autre côté, nous avons la stigmatisation qui est la mise à l'écart d'une personne pour ses différences.

Comme je l'ai dit précédemment, il n'y a pas que les gens de forte corpulence qui sont Stigmatisés. Je ne me rappelle plus combien de fois j'ai été confronté à cette situation certaines fois j'entendais les gens me dire : "tu es trop petite pour faire ça, tu es trop faible ". Parfois quand j'apportais mon sac les gens s'étonnaient. "Comment peux-tu être aussi méchante avec toi-même ? Tu pourras l'apporté toute seule pourquoi ne demandes-tu pas à quelqu'un de t'aider ? " (si j'avais besoin d'aide je l'aurais demandé, mais ce n'est pas le cas).

Je me rappelle également comment certaines personnes se moquaient de moi lorsque je pratiquais le karaté shotokan mais je ne faisais pas attention car je savais ce que je voulais je n'étais pas parfaite dans mes débuts mais je me suis amélioré. Au fil des années la majorité ont abandonné mais moi, non.

Ici, là où je vis les femmes girondes sont beaucoup plus mise en valeur. Elles sont synonymes de beauté et d'élégance.

On me demande toujours lorsqu'on me voit si je suis malade, ils me trouvent anormal. Les gens sont même aller jusqu'à dire que quelques chose me suçait à l'intérieur et que c'est pour cela que je ne grossis pas. Certains pensent que c'est une déformation, d'autres pensent que c'est un handicap. (Même si je l'étais, je ne devrais toujours pas subir ce genre de traitement). Ils disent aussi que je dois faire en sorte d'avoir un peu de viande sur moi.

Ils me disent également que je ne suis pas bien ainsi et que je devrais faire en sorte pour que ça change. Je crois qu'ils sont juste mal informés c'est pour cela qu'ils ne comprennent pas. Nul ne peut se battre contre la nature. Le ciel a ses raisons que la terre ne comprends pas.

Je me souviens quelques années avant cela, j'ai été humilié plusieurs reprises en publiques. Mais il y a deux événements en particulier qui m'ont beaucoup marqué. La première fois, quelqu'un m'a manqué de respect devant un bon nombre de gens. "Regarde comment tu es, tu n'as pas honte ?, tu es toute maigre. Tu ne prends pas conscience de ton état ?" (Mais quel état ? Suis-je malade ? Et même si je l'étais ? Devrais-je m'enfermer dans mon coin à jamais ?)

J'ai tenté de me défendre mais c'était en vain. Car comme un chef d'orchestre, cette personne que je ne mentionnerai pas a donné le son aux passants de la route qui ricanaient à gorge déployée. Je n'étais qu'une enfant à l'époque. Tout cela me révoltait déjà alors que je ne connaissais même pas encore le mot discrimination encore moins comprendre le concept de la discrimination physique. Et ma famille , ne m'avait pas aidé sur ce point.

Elle pensait que c'était juste un caprice d'enfant. Ils ne comprenaient pas pourquoi cela m'affectait autant,ils ne me comprenaient pas.

La deuxième fois, j'avais intégré une équipe de football féminine. J'étais très enthousiaste. J'ai participé à toutes les réunions, à tous les entrainements. Je me rappelle que je regardais les filles jouer au football à la télévision et je me disais que j'aimerais être comme elles j'aimerais pouvoir être capable de manier un ballon sans difficulté comme elles le font. Je me procurais de nouveaux habits d'entraînement, des tenis d'entraînement. J'envisageais même d'acheter des protèges.

Ce n'était pas une équipe professionnelle, mais je me sentais fière d'y faire partie. À l'entraînement, ils riaient de moi, mais je n'y portais pas trop attention.

Nous devrions jouer pour représenter l'école où nous nous entraînons. Je me rappelle qu'on nous avait donné rendez-vous pour un dernier entraînement avant le match. Si on le ratait on ne pourrait pas jouer pendant le match. Alors j'ai fait tout mon possible pour y être.

Le jour du match arriva, j'étais euphorique. C'était pour moi quelque chose de grand. Rien ne pouvait m'enlever cette joie dans mon coeur (c'est ce que je croyais). Le match se déroula et le coach me metta sur le banc.

Je ne m'inquiétais pas puisque la politique était que toutes les joueuses devraient passer sur le terrain pendant le match (je vous l'ai dit ce n'était pas une équipe professionnelle). Première mi-temps, les autres joueuses font des montés et des descentes, moi je suis toujours assise sur le banc. Je n'ai pas bougé. Je me disais, ce n'est pas grave, il y aura la deuxième mi-temps.

J'attendais et j'attendais encore. Rien ne se passa. On ne me remarquait pas. J'étais mise à l'écart. D'un air hautain et fière, l'une des joueuses avança vers moi et dit : " Le coach a dit que t'es trop maigre, il t'a remplacé par une autre"...

Vous savez quoi ? Celle qui m'a remplacé n'était pas une joueuse de l'équipe. J'avais honte, je me sentais mal, j'étais traité comme un déchet dont on se debarrassait.

Elles se moquèrent de moi. Je me disais en moi-même, devrais-je être comme elles pour être accepté dans la société ?

Ce jour là j'ai beaucoup pleuré. Certaines d'entres elles pensaient que je pleurais parce qu'elles avaient perdu le match (ça m'a fait très plaisir de les voir perdre en faite).

Mais, ce n'était pas le cas. Je les ai laissé croire qu'elles avaient raisons. Leur défaite pour moi était Peut-être ma vengeance Ou l'intervention divine pour me rendre justice. Je ne sais pas.

Des mots plus blessants qu'à chaque fois ; des blagues plus frappantes qu'à chaque fois ; et des rires plus fort qu'à chaque fois. C'est devenue mon quotidien.

Je ne vous cache pas qu'en écrivant ce livre que je suis submergée d'émotions.

Peur ? Rage ? Tristesse ? Colère ? , quand je le saurai, je vous le dirai. Car tout bouillonne en moi.

Mais je deviens plus forte. Car je travaille d'arrache-pied pour agrandir mes capacités et donner le meilleur de moi-même.

À un moment donné, la haine s'était emparé de moi. Les préjugés et les stigmatisations des gens me mettaient hors de moi. Je détestais presque tout le monde, je repoussais tout le monde autour de moi, même ceux qui avaient de bonnes intentions. Submergée par la haine, je ne pouvais pas faire la différence. J'étais tout le temps mécontente. Et je détestais tous ceux autour de moi qui voulaient me rabaisser. Certaines personnes de ma famille s'y mettaient également. C'était pour moi une triple peine. La première, je suis constamment dénigrer pour ce que je suis. Deuxièmement, j'avais gardé ce mal en moi et je n'en parlais à personne. Et pour finir, je n'ai eu aucun soutien de la part de ma famille sur ce point.

Elle ne me comprenait pas. J'étais donc livré à moi-même, pendant toutes ces années. Suivant mon expérience, j'ai appris qu'élever un enfant ne constitue pas uniquement à lui donner à manger et à boire, lui donner un toit et des vêtements et tous les objets physiques dont il a besoin.

Mais aussi d'être le premier appuie psychologique de l'enfant. Le soutenir et l'aider à s'épanouir. Lui donner toutes les ressources et l'affection nécessaire pour l'aider à avancer dans son développement psychologique. Dans des cas de discrimination continuelle à l'égard de l'enfant, les parents doivent constituer un repère pour l'enfant. Guider l'enfant pour avoir l'estime de soi et avancer dans la vie malgré tous ceux que peuvent dire ou penser les gens. Les parents doivent s'assurer que l'enfant aie un bon état psychologique et moral.

Les préjugés et les stigmatisations sont des moyens de destruction. Si nous ne pouvons pas nous entendre entre nous qui faisons partie d'une même communauté ou d'un même territoire, comment voulez vous être respecté par les autres pays. Nul ne sait combien de personnes ont perdu la vie par leurs fautes à cause de leur comportement destructeur. Les gens qui sont responsables des préjugés et des stigmatisations veulent montrer qu'ils sont plus humains que les autres en s'inventant une perfection qu'ils n'ont pas. Il ne faut pas oublié que chacun à besoin de l'autre. Pour vivre en communauté nous avons besoin des autres autour de nous. Car chacun a un rôle à jouer qui lui est propre. C'est la combinaison de la participation de chaque personne indistinctement qui doit assurer la bonne marche de la société.

Les préjugés et les stigmatisations sont sources d'inégalités. Généralement les gens dépensent beaucoup d'énergie pour se détruire entre eux. S'ils mettaient autant d'énergie pour se tolérer et s'aimer les uns les autres, il y aurait un monde meilleur avec moins de discriminations.

Chapitre 6 :

Phobie Sociale

Le trouble d'anxiété sociale (également appelé phobie sociale) est un problème de santé mentale. C'est une peur intense et persistante d'être observé et jugé par les autres. Cette peur peut affecter le travail, l'école et vos autres activités quotidiennes. Il peut même être difficile de se faire et de garder des amis. Mais le trouble d'anxiété sociale ne doit pas vous empêcher d'atteindre votre potentiel.

Comme conséquences, il y a : la solitude, faible auto-estime, réduction de la réussite scolaire, dépression et abus de substance, des maux d'estomac, des nausées ou des papillons dans , l'estomac, des nausées, des rougeurs, des maux de tête, un rythme cardiaque rapide, essoufflement, étourdissements et bouche sèche etc...

Selon la NIMH, qui est la National Institute of Mental Health , le trouble d'anxiété sociale est parfois héréditaire. Mais personne ne sait avec certitude pourquoi certains membres de la famille en souffrent et d'autres non. Les chercheurs ont découvert que plusieurs parties du cerveau sont impliquées dans la peur et l'anxiété. Certains chercheurs pensent qu'une mauvaise lecture du comportement des autres peut jouer un rôle dans l'apparition ou l'aggravation de l'anxiété sociale. Par exemple, vous pouvez penser que les gens vous regardent fixement ou froncent les sourcils alors qu'ils ne le sont pas vraiment. Les compétences sociales sous-développées sont un autre facteur possible d'anxiété sociale. Par exemple, si vous avez des compétences sociales sous-développées, vous pouvez vous sentir découragé après avoir parlé avec des gens et vous inquiéter de le faire à l'avenir. En apprenant davantage sur la peur et l'anxiété dans le cerveau, les scientifiques pourraient être en mesure de créer de meilleurs traitements. Les chercheurs cherchent également des façons dont le stress et les facteurs environnementaux peuvent jouer un rôle.

Une accumulation d'expériences traumatisantes m'ont amené à développer une phobie sociale. Dès lors, j'ai décidé de me faire le moins visible possible pour éviter les regards des autres. Je ne m'attachais pas aux autres et avais peu d'amis, de vrais amis.

Car tout le monde n'a pas la capacité de comprendre les choses telles qu'elles sont. Et tout le monde n'a pas la volonté de prendre conscience de ce qui doit être pour apporter un changement positif.

Je me cachais derrière mes pensées, je ne me confiais à personne. Car j'avais peur d'être jugée. J'avais peur d'être mal comprise.

Je suis même arrivé à me dire que tout le monde était normal sauf moi. Je me faisais discret et je me suis dit que plus jamais je ne devrais être mise à l'écart et rejetée par les autres. Alors, je m'isolais moi-même pour que les gens n'aient pas eu à le faire. Dans les groupes sociaux dont je me trouvais, J'observais des gens se mettre ensemble pour se chuchoter à l'oreille des choses à mon sujet et rire de moi. Je faisais toujours comme ci je ne comprenais rien. Mais j'étais toujours celle qui ne dit jamais rien mais qui avait tant à dire. Je me retirai petit à petit et faisais profil bas.

Cette phobie sociale m'a conduit à me comporter de façon mécanique. C'était devenu normal pour moi de rester seule dans mon coin car je me disais que c'était là ma place. C'était ce que je mérite.

Je voulais éviter à tout prix les regards, les mauvaises blagues, ainsi que les gestes discriminatoires, par exemple : des gens qui viennent me toucher pour mesurer le tour de mon poignet ou de ma taille. Ou qui serre fort mes bras en me disant que je n'ai pas de viande parce que je ne suis qu'un sac d'os.

Puisque je suis mince certaines personnes pensent que je suis forcément malade.

Une fois, un jeune homme a dit à un autre en ma présence :"She Got no calcium but she got bounds" (il a cru que je ne comprenais pas l'anglais). En français : "Elle n'a pas de calcium mais elle a beaucoup d'os". J'ai fait semblant de ne rien comprendre et je les regardais qui se moquaient de moi.

Vous vous demandez peut-être où est la discrimination physique dans cette histoire ?

Eh bien, vous devez savoir que le simple fait d'établir un jugement sur la santé d'une personne sans un diagnostic médical est un acte purement discriminatoire.

Je voulais éviter de me confronter à ce genre de situation alors, mon monde à moi était devenu mon seul recours. Cela marchait par moment. Mais certaines fois des gens viennent et s'y introduisent. Ce que je veux dire c'est que, malgré mon repli sur moi-même pour éviter de me trouver dans une situation déplaisante, des gens viennent quand même auprès de moi pour me juger pour mon physique .

Il faut savoir que la Phobie sociale ou anxiété sociale est un trouble anxieux qui se caractérise par une peur intense associé au regard des autres.

Voici un extrait du commentaire d'un spécialiste sur le sujet publié sur le site internet passeportsante.net, le psychologue Céline Brodar qui a dit : "Il ne faut pas banaliser cette souffrance ni la mettre sur le compte d'une importante timidité. Alors que la personne timide a peur d'être ignorée par les autres et n'a que la volonté d'être acceptée par autrui, la personne phobique sociale est envahie par la peur d'être humiliée par les autres et cherche à se faire oublier. Plus qu'une gêne, c'est une véritable panique qui envahit la personne phobique dans les situations où elle se sent observée".

Une angoisse profonde peut survenir lorsque la personne atteinte par la Phobie se trouve exposée à une situation qui lui est déplaisante. Par exemple : une personne ayant une phobie sociale se trouvant parmi une foule d'inconnus ou pas. Dans ce cas, L'anxiété sociale devient une agoraphobie, qui est la peur de la foule. Ou encore Phobie des lieux ou situations pouvant provoquer un état de panique, un sentiment d'impuissance ou une gêne.

Les événements que j'ai vécu ont produit un traumatisme psychique en moi. Puisque ces événements ont été des événements traumatisants, je me sentais impuissante j'avais peur je ne me sentais pas en sécurité j'avais honte.

Cette peur qui était en moi était continuelle. Je me sentais en danger partout où j'étais et partout où j'allais . Et j'essayais de trouver sécurité en me réfugiant dans mon coin.

Chapitre 7 : S'exprimer pour se sentir mieux

Je ne pouvais pas rester longtemps dans ma solitude et ma dépression. Je me demandais à qui parler ? Quels mots dois-je employer ?

Certaines fois, comme le disait Victor Hugo les mots manques aux émotions. Je sais qu'il n'est pas facile de traduire exactement ce que l'on ressent et qu'il n'est pas facile d'exprimer une chose qui nous ronge à l'intérieur.

Mais je devais trouver un moyen pour me libérer un peu de ce poids qui me pèsent encore le coeur certaines fois.

Alors j'ai fait ce que je faisais le mieux, je me suis mise à écrire. J'ai créé mon blog personnel où je publie certains de mes écrits. Je disais tout haut ce que je ressentais au plus profond de moi-même. Même si la plupart de ces textes parraisent indéchiffrables pour certains, mais pour moi ils ont un sens.

Certaines fois je passais mes journées sans dire un mot à personne, mais je m'occupais l'esprit à écrire et à bricoler.

Mais ce n'était pas assez. J'ai compris que je devais me faire entourer de personnes qui m'aime et qui voyaient au-delà de mon physique.

C'était décevant de réaliser à quel point la majorité de ceux qui prétendaient me soutenir ne le faisaient pas réellement.

Mais le peu de personnes qui m'acceptait telle que je suis réellement, voulait dire beaucoup plus pour moi que d'avoir une foule d'amis par ci et par là.

Je n'avais pas besoin de beaucoup parler, mais ils étaient là pour moi. Et comprenaient tout. J'ai trouvé un encrage et je ne m'en plains pas.

Certes tout cela ne résout pas le problème du désordre général qu'il y a dans la société, mais l'essentiel c'est de se sentir mieux.

Et même quand j'aurais pu perdre espoir, j'ai eu des gens qui étaient là pour me faire redoubler d'efforts et m'encourager à me lever pour me battre.

J'ai longtemps cachés mes émotions. Et j'avais mes raisons. Je les cacherais encore s'il le faut. Mais je sais bien que refouler des sentiments n'apportent que la solitude, la colère, la tristesse et le désespoir. Alors je tente de devenir plus forte et garder la tête haute.

À tous ceux et celles qui sont victimes de discrimination physique, quelle que soit votre morphologie ou votre apparence, votre taille ou votre sexe, n'ajoutez pas à votre souffrance en cachant ce que vous ressentez.

Car comme La journaliste Audrey Besson a dit dans un article : " Exprimer ses émotions c'est avant tout, les comprendre et les accepter. Vous avez le droit de pleurer, d'être en colère, d'être déçu ou tout simplement d'être heureux. Vous pouvez réagir fortement devant un évènement d'apparence banal aux yeux des autres mais qui vous touche particulièrement. Le tout, pour l'exprimer est de l'accepter et de ne surtout pas le ruminer." Les émotions que vous n'exprimer pas peuvent représenter des éléments perturbateurs pour votre santé mental.

Par rapport à mon expérience, j'ai compris que l'art est un bon moyen pour s'exprimer quand les mots ne suffisent pas. (Écriture, chant, danse,photographie, etc.)

Les émotions que nous exprimons nous libèrent d'un fardeau psychologique. Cela devient une nécessité d'extérioriser ce que l'on ressent et de ne pas les réprimer.

Lorsqu'on libère nos émotions négatives, nous procédons à ce qu'on appelle le "Catharsis"

Exprimer nos sentiments permet de developper notre intelligence émotionnelle. Daniel Goleman, l'explique clairement dans son ouvrage. Libéré nos émotions, C'est avoir une plus grande tranquillité mais aussi avoir les idées plus clairs. Nous prenons soin de notre santé mental et physique et nous diminuons le stress émotionnel.

Alors , libérez vous en vous exprimant à travers vos talents et votre manière !

Chapitre 8:

Faire ou ne pas Faire?

Voici une petite liste des comportements à avoir et à ne pas avoir pour combattre la stigmatisation envers les personnes qui sont victimes de discrimination physique (quelle que soit leur morphologie, leur taille, leur sexe, etc.)

-Faire une introspection

-Prendre conscience de son attitude et de son comportement envers les autres

-Avant de dire une parole, il faut bien peser ses mots et veiller à ne blesser personne par ce que vous dites. Réfléchir avant de parler ou d'agir et pensez aux conséquences de vos actes sur votre entourage.

-Sensibiliser les autres autour de vous

-Intéressez vous aux choses positives et éliminez les pensées négatives

-éviter d'avoir une mauvaise opinion sur les gens

-Soutenir les gens de votre entourage qui ont besoin de votre compréhension

Les comportements à ne pas avoir sont :

-Ne jugez personne pour son apparence vous

n'êtes pas plus humains que les autres.

-N'écartez personne pour son apparence physique.

-Ne riez pas aux blagues qui sont lancées dans le but de dénigrer une personne pour son physique.

-N'encouragez aucune activité ayant pour but de stigmatiser une personne.

-Ne pas répéter les phrases comme : "Tu es trop grosse" ou "tu es trop petite" ou " trop mince". Ou n'importe quelle phrases du genre.

La lutte contre la discrimination est la responsabilité de tous. Cela implique de réduire la probabilité d'un traitement discriminatoire, de reconnaître quand cela se produit et de connaître la bonne façon de réagir. C'est la façon éthique et humaine de se comporter.

Au delà de ces principes, une prise de conscience collective est nécessaire. Ceux qui sont différents ne sont pas nos adversaires. Nous devons faire face à nos adversaires réels qui nous consument un peu plus chaque jour. Nous devons dire non à la méchanceté et la haine et dire oui à l'amour de son prochain, la coopération, l'entraide et le vivre ensemble. C'est ainsi que je pense que l'on pourra avoir Une société juste et équitable, sans discrimination.

Chapitre 9 :

Les institutions Face à la Discrimination physique

Les institutions ont tous leur rôle à jouer pour combattre la discrimination. Mais aujourd'hui je vais parler des deux qui sont les plus importantes selon moi. À savoir l'école et la famille.

La famille, pour faire simple, c'est un ensemble de personnes qui vivent sous le même toit, composé du père, de la mère et des enfants. C'est aussi le premier espace de socialisation de l'être humain

Elle joue un rôle important dans la société. C'est pourquoi les parents ont le devoir d'encadrer leurs enfants, et de leurs éduqué comme il se doit. Mais comment l'éducation familiale peut-elle être source de discrimination ?

Que ce soit de manière positive ou négative Tout ce qui se passe dans l'espace familial a des répercussions sur la société.

Les situations de maltraitance, d'injustices, de subordination et d'humiliation qui se trouvent généralement dans les familles peuvent affecter les enfants peu importe leur âge.

Deux effets peuvent se produire :

Premièrement, la personne reproduit exactement les mêmes traits de comportement identifié dans sa famille.

Par exemple : les mêmes traits d'hostilité ou de vulgarité, les comportements violents, etc.(les bons comportements sont reproduits également dans certains cas).

Dès le plus jeune âge les parents doivent apprendre aux enfants à être juste et a tolérés tous les autres autour de soi peu importe leur différence.

Il faut les inciter à comprendre le concept du "vivre ensemble". Les traitements injustes qui se font à l'intérieur d'une famille sont souvent à l'origine des discours haineux et des violences physiques qui se reproduisent dans la société.

Deuxièmement, une personne peut devenir sensible par rapport à cette expérience et peut développer la capacité à tolérer tous les autres quelle que soit leur différence en prônant des discours d'amour et de paix et non de violence

Cette personne peut également développer un mécanisme de défense, causé par un sentiment de rejet en se repliant sur elle-même

Bien entendu dans les deux cas le comportement que va avoir la personne en question dépendra de son trait de caractère, de la situation qui est présentée, des traits de caractère de son entourage, de son environnement, mais aussi du contexte socioculturel.

Pour apprendre à vivre comme il se doit dans la société en bons citoyens, il faut aller à l'école. L'école est un établissement qui fourni une éducation collective à tout le monde quelle que soit leur appartenances sociaux ou ethnique.

Dans son fonctionnement institutionnel il doit veiller à ne pas renforcer les discriminations au sein de son établissement.

Elle a l'obligation de réviser ses pratiques pédagogiques afin d'éviter tout préjugé établissement en éliminant les manuels qui Contiennent des Clichés et qui reproduisent des stéréotypes.

Étant enfant, j'ai souvent entendu des parents dire à leur enfant en me pointant du doigt : "je n'aimerais pas que tu sois comme elle, à cause de son physique".

Comme pour la famille, l'école à l'obligation d'inculquer aux enfants des valeurs et leur apprendre à vivre ensemble, à tolérer les autres quelles que soient leurs différences. Et leur faire comprendre que tout le monde a des droits et tout le monde doit s'acquitter de ses tâches et de ses devoirs tout en respectant les droits des autres. Car tout le monde est égaux devant la loi.

Comme nous traitons un type de discrimination en particulier qui est la discrimination physique, l'école devrait intégrer des sanctions disciplinaires contre tout propos dénigrant d'un enseignant, d'un personnel administratif, d'un camarade et même d'un parent à l'égard d'un écolier pour son physique.

Des sanctions telles que : des lettres de blâme pour les enseignants et les personnels administratifs dérogeant à la règle ; le paiement d'une amende par les parents qui lancent des propos discriminatoires à l'égard d'un enfant d'un autre parent ; le renvoi d'une journée jusqu'à 3 journées du camarade fautif dépendamment de la gravité de l'acte qui a été posée. Etc.

Chapitre 10 :

Nouvelles Dispositions !

Pour faire face à la stigmatisation, il n'est pas toujours facile. Vous devez savoir que se battre contre la stigmatisation quand on en est victime est une lutte continuelle. Cette lutte entraîne une nouvelle façon de penser une nouvelle façon de voir les choses.

Elle nous pousse à prendre de nouvelles initiatives pour nous même. Combattre la stigmatisation quand on est victime commence par la tête. C'est chercher au plus profond de nous même pour puiser notre force.

Vous vous demandez peut-être comment je procède pour y arriver. Eh bien, j'ai commencé à mettre en valeur ma personnalité. Car malgré les dires des gens, mon apparence ne me définit pas.

Je sais maintenant que je ne suis pas celle que l'on me dit que je suis mais celle que je crois que je suis. Je me fabrique ma propre identité et j'apprends à me connaître davantage.

Je développe mes capacités en faisant les choses pour lesquelles je suis douée. Je chasse de mon esprit toutes les choses qui me stigmatisent en pensant aux gens que j'aime et en pensant à tout ce qui me fait plaisir.

Ainsi, cela me permet d'avoir confiance en mes capacités. En adoptant une attitude optimiste pour développer mon assurance.

Je pense aussi à mes objectifs et mes rêves et je travaille pour les réaliser. Je me fais entourer de gens qui me soutiennent et je deviens plus ouverte. Tout en m'éloignant des gens qui veulent me rabaisser.

De même, vous pouvez suivre cet exemple et essayer de vous améliorer pour avancer. Dites vous que vous êtes une personne spéciale. Une personne unique . je sais bien que ce ne sera pas toujours facile et cela ne veut pas dire non plus que malgré les nouvelles dispositions que j'ai prises, je ne suis pas constamment victimes de propos moqueurs et dénigrants. Mais le simple fait de stabiliser mon esprit en me concentrant sur ce qui est important, je me sens déjà beaucoup mieux.

Il faut vous Concentrez sur vos points forts. Se concentrer sur vos valeurs fondamentales, vos croyances et vos forces perçues peut motiver les gens à réussir et peut même atténuer les effets négatifs des préjugés.

Pour finir, je vous laisse avec ce commentaire de "districalex.com" : " Les personnes maigres ne sont pas nécessairement anorexiques et les personnes fortes ne sont pas nécessairement obèses.

Nous ne connaissons jamais l'histoire qui a bâti ce corps. Ne le jugeons donc pas.

Cessons d'humilier les autres pour leur apparence et apprenons à nous aimer ! "

LEXIQUE

IMC : L'indice de masse corporelle ou IMC (en anglais, body mass index ou BMI) est une grandeur qui permet d'estimer la corpulence d'une personne.

TCA: Les troubles des conduites alimentaires (ou troubles des comportements alimentaires)

T3: La triiodothyronine ou T_3 est une hormone thyroïdienne issue de la désiodation de la thyroxine. Cette hormone affecte pratiquement tous les processus physiologiques de l'organisme, y compris la croissance biologique, le développement du corps, le métabolisme, la température corporelle et le rythme cardiaque.

CATHARSIS: Purgation des passions (selon Aristote) , libération affective.

DEBQ: The Dutch Eating Behavior Questionnaire (DEBQ)

Le Dutch Eating Behaviour Questionnaire (DEBQ) a été développé pour mesurer les styles alimentaires susceptibles de contribuer ou d'atténuer le développement du surpoids.

PHOBIE: Peur morbide, angoisse éprouvée devant certains objets, actes, situations ou idées (agoraphobie, claustrophobie, etc.)

-Peur ou aversion instinctive.

IFG1: L'IGF-1 (Insulin-like Growth Factor One) aussi appelée somatomédine C est une protéine produite par le foie, les muscles et d'autres tissus en réponse à une stimulation par l'hormone de croissance (GH). L'IGF-1 favorise la croissance osseuse et la croissance de la masse musculaire.

TROUBLE ANXIEUX: Trouble mental caractérisé par des sentiments d'inquiétude, d'anxiété ou de crainte qui sont suffisamment prononcés pour perturber les activités quotidiennes de la personne.

GROUPE SOCIAUX: Groupe composé de plusieurs individus en relation grâce à leurs rôles et statuts au sein de l'organisation liés à leur unité sociale.

PATRIARCAT: En sociologie, le patriarcat est « une forme d'organisation sociale et juridique fondée sur la détention de l'autorité par les hommes ». Il s'agit d'un « système où le masculin incarne à la fois le supérieur et l'universel »

INTELLIGENCE EMOTIONELLE: L'intelligence émotionnelle réfère à la capacité de reconnaître, comprendre et maîtriser ses propres émotions et à composer avec les émotions des autres personnes.

STRESS EMOTIONEL: Le mot "stress" définit autant la situation subie par l'organisme, que la réaction de ce dernier à cette situation, qui peut être agréable ou non.La réaction à cette situation peut être biologique et/ou psychologique. Cette réaction, ou syndrome d'adaptation, est commune à tout facteur de sollicitation et en même temps propre à chaque individu.

INTROSPECTION: Observation, analyse de ses sentiments, de ses motivations par le sujet lui-même.

SEXISME: Attitude de discrimination fondée sur le sexe (spécialement discrimination à l'égard du sexe féminin).

DÉVALORISER: Diminuer la valeur de ...

DÉNIGRER: C'est forcé de faire mépriser quelqu'un ou quelque chose en disant du mal ou en niant les qualités.

TRAUMATISME PSYCHIQUE: Réaction émotive persistante qui fait souvent suite à un événement extrêmement éprouvant de la vie.

DIAGNOSTIC MÉDICAL: C'est ce qui permet de proposer un traitement à un patient après qu'un médecin ou qu'un spécialiste spécialiste en question ait déterminer l'affection dont il souffre.

MÉCANISME DE DÉFENSE: C'est un processus psychologique inconscient de défense qui permet de lutter contre l'angoisse et les attaques extérieures.

PRATIQUES PÉDAGOGIQUES : Mise en place de structure ou d'un certaines nombre de conditions auxquels les apprentis sont confrontés.

CLICHÉ: Image négative.

ETHNIQUE: Qui sert à désigner une population relatif à l'ethnie, à une ethnie.

INSTITUTION: C'est une structure d'origine coutumière faite d'un ensemble de règles orienté vers une fin qui participent à l'organisation de la société ou de l'État.

MALTRAITANCE: Mauvais traitement infligé à une personne.

LES PERSONALITÉS MENTIONNÉS

Daniel Goleman est un chercheur, un psychologue, un journaliste et un écrivain américain né le 7 mars 1946 à Stockton (Californie).

Audrey Besson est une masseuse et une réfléxologue (BIO-ÉNERGÉTICIENNE, CHAMANE, NUMÉROLOGUE)

Bruno Estour et Natacha Germain: Endocrinologue en France

Bogdan GALUSCA professeur et spécialistes des Troubles du comportement Alimentaire, Addictions et Poids Extrêmes

Céline Brodar, Neuropsychologue Française

Victor Hugo , poète, dramaturge, écrivain, romancier et dessinateur romantique français, né le 26 février 1802 et mort le 22 mai 1885 à Paris.

Quelques sites et liens consultés

https://www.leparisien.fr

http://www.penseesbycaro.fr

https://fr.newsmonkey.be

https://www.vinted.be/forum

https://www.boulettesmagazine.be

https://www.quebec.ca

https://www.doctissimo.fr

https://www.passeportsante.net/fr

https://jeunessejecoute.ca

https://audreybesson.fr

https://pubmed.ncbi.nlm.nih.gov/24177441/

https://l'internaute.fr

https://wikipedia.fr

MIX
Papier aus verantwortungsvollen Quellen
Paper from responsible sources
FSC® C105338

Printed by Books on Demand GmbH, Norderstedt / Germany